AF592537

DECLARATON DV ROY, PAR LAQVELLE LES PRINCES, DVCS, & Seigneurs y denommez, ſont declarez criminels de leze Majeſté, ſi dans vn mois apres la publication des preſentes, ils ne poſent les armes, & ne viennent trouuer ſadite Majeſté en perſonne.

Publiee en Parlement le 6. Aouſt 1620.

A LYON,

PAR NICOLAS IVLLIERON
Imprimeur ordinaire du Roy.

M. DC XX.

Auec Priuilege de ſa Majeſté.

LOVIS par la grace de Dieu Roy de France & de Nauarre, A tous ceux qui ces presentes lettres verront, Salut. Si depuis le temps que nous auons pris en main le gouuernement de cet Estat, Nous auions manqué en quelque chose, soit à l'endroit de la Royne nostre tres-honoree Dame & Mere, soit à l'endroit des Princes & Grands de nostre Royaume, Nous receurions auec plus de patience les troubles qu'on y excite auiourd'huy contre nous. Mais quand nous nous remettons en memoire les choses passees, & que nous considerons quel fruict nous ont produict les graces, faueurs

& beneficences que nous auons si liberalemẽt departies à ceux qui nous trauaillent auiourd'huy, Nous ne pouuons plaindre nostre mal'heur, & celuy de toute la France, que nous n'accusions quant & quant la mescognoissance de ceux qui nous rendent le mal pour le bien: Car chacun sçait que si tost que nous eusmes pris l'administration des affaires, nostre premier soing fut de deliurer les Princes & grands de nostre Royaume de l'oppression en laquelle ils estoient, voire de l'entiere ruyne qui les menaçoit: Nous les approchasmes pres de nous, & n'y eust que les émulations & jalousies qui estoient entre eux qui les empeschassent de prendre place en nos Cõseils, & part en la conduite de nos affaires. Quant à la Royne nostre tres-honoree Dame & mere, Nous luy rendismes tout l'honneur que la condition des choſes qui ſe paſſoient pouuoit porter, & procuraſmes qu'elle euſt toutes les commoditez qu'elle pouuoit deſirer. Depuis s'eſtant retiree de Blois, à Angouleſme pour former vne plainte publicque, de ce qu'elle eſtoit eſloignee de nous, bien que nous fuſſions grandement offenſez par les deportemens de ceux qui l'aſſiſtoient, & neãtmoins puiſſamment armez pour les pouuoir chaſtier, nous accordaſmes pour ſon contentement tout ce qu'elle deſira, les Villes, Fortereſſes & Gouuernemens qu'elle choiſit, les deniers qu'elle demanda, & trouuaſmes bon, non ſeulemẽt qu'elle reuint pres de nous: mais nous l'en priaſmes ſi inſtamment, qu'alors meſmes elle nous vint trouuer à Tours, auec telle confiance que nous ne craignions plus que rien l'a peuſt à l'aduenir alterer. Nous pardonnaſmes en ſa conſideration à ceux qui l'auoient aſſiſtee, & remiſmes meſmes la garde de noſtre propre perſonne entre les mains de quelques Capitaines qui nous auoient abandonné pour la ſuyure. Apres auoir effectué tout ce que nous luy auions promis, Nous euſmes vne longue patience à veoir que ceux de ſon party n'executoient rien de ce qu'ils eſtoient obligez. Pour tout cela nous n'auons point laiſſé de la gratifier en tout ce qu'elle a deſiré de nous, ſoit pour elle, ſoit pour les ſiens, ny de la faire continuellement viſiter par perſonnages de grande qualité, & inſtamment ſolliciter de ſe r'approcher de nous, iuſques à là qu'eſtans aduertis que quelques eſprits pleins de malignité luy faiſoiẽt croire que noſtre deſir eſtoit en cela contraire à la demonſtration que nous en faiſions ; pour luy donner plus d'aſſeurance, & de noſtre intention, & de noſtre reſpect, Nous nous acheminaſmes pour l'aller rencontrer au milieu du chemin au temps qu'elle nous auoit promis de partir, & ne doutons point que ſi elle n'euſt pris en cela conſeil que de ſoy-meſme & de ſon bon naturel, que nous ne iouyſſions maintenant d'vne grande conſolation, & noſtre Royaume d'vn entier & aſſeuré repos: Mais la deſmeſuree ambition qui agite les eſprits de beaucoup de grands de noſtre Royaume, les remplit de meſcontentemens, & rend impatiens de repos, a faict que ne ſe pouuans accorder entre eux meſmes pour ce qui regarde leur particulier, ils ſe ſont accordez à rechercher en commun des nouueautez en l'Eſtat,

& à troubler noſtre Royaume, ſur les meſmes pretextes qu'ont pris cy deuant tout ceux qui on tenté le ſemblable. Et pour ce qu'ils ont eſtimé que la perſonne de noſtredite Dame & Mere pouuoit par ſon reſpect mieux deſguiſer & plus fermement appuyer leurs deſſeings, Il n'y a ſorte d'artifice dont ils ne ſe ſoient ſeruis pour ietter des defiances en ſon eſprit, alterer ſes bonnes intentions, & luy faire croire qu'on l'offençoit, ſi on ne luy donnoit vne auctorité abſoluë en noſtre Royaume. Bien que le mal que nous faict en cela ſentir ſa trop grande facilité nous touche fort viuement, ſi l'en tenons nous excuſable, eſtimans qu'il y a peu d'eſprits au monde qui peuſſent reſiſter à la continuelle batterie de tant & tant de damnables inuentions. Et ores que nous oyons

ſon

son nom retentir par tout, son seing, & son scel courir par toutes nos Prouinces, pour auctoriser ce qui s'entreprend contre nous: Si en croyons nous son cœur entierement aliené, & son ame du tout innocente: Mais tant est qu'à la suitte des plaintes qui se font en son nom par tout nostre Royaume, & des protestations de vouloir reformer nostre Estat, Nous auons veu nostre Cousin le Duc de Mayenne se retirer de nostre Cour sans prendre congé de Nous, le Duc de Vendosme, nostre frere naturel le suiure de prés, nostre Cousin le Duc de Longueuille mandé pour nous venir trouuer, le refuser, nostre Cousin le Duc de Nemours partir de nuict. Et depuis ce qui nous a esté plus grief à supporter, nostre tres-cher & amé Cousin le Comte de Soissons, & nostre Cousine sa mere, se retirer semblablement de nuict, lors que nous estions sur le poinct de l'honorer du mariage d nostre sœur. Ce qui fut encore suiuy du départ de nostre frere natu rel le grand Prieur de France, & tost apres nous sçeusmes qu'ils alloient tous trouuer nostredite Da me & Mere, pour auec les Ducs de Rets, de la Trimoüille, de Rohan, & de Rohanois, le Mareschal de Bois-daulphin, & le Agens desdicts Ducs de Mayenne & d'Espernon, former leurs armees, & donner commencement à l'execution de leurs desseings: Nous entendismes aussi-tost qu'on auoi desbauché nos Regiments tous entiers, pour les faire entrer dans Mets, & dont on s'est depuis seruy pour desarmer les habitans: Nous feusmes incontinent aduertis des negotia gotiations faictes auec les estrangers pour les faire entrer en nostredict Royaume : Que la pluspart de la noblesse de nos Prouinces estoit pratiquee, les Soldats errez, les prouisions d'armes & de munitions faictes, les desseings formez sur les Villes & forteresses, nos deniers pris & arrestez és receptes de Xainctes, S.Iean, Fontenay, Angers, Chinon, & autres lieux, Commissions deliurées, dont vne partie est tombée en nos mains, pour faire leuées de gens de pied & de cheual, garnisons mises dans nos places, Craon assiegé & pris. Mais ce qui nous toucha le plus, ce fut d'entendre que nostre Prouince de Normandie s'en alloit entierement perdue, à la suitte de quoy nous preuoyons nostre bonne ville de Paris reduite à vn miserable & calamiteux estat. Ce qui fut cauſe que preferant le bien de nos ſubjects à noſtre propre vie nous allaſmes auec nos ſeules gardes droit à Roüen, d'où le Duc de Longueuille eſtonné de noſtre reſolution ſe retira, & nous donna moyen de garantir ceſte ville du ſac qu'elle euſt indubitablement ſouffert ſans noſtre arriuée, comme il nous fut publiquement teſmoigné par noſtre Parlement dudit lieu, lors que nous y tinſmes noſtre lict de Iuſtice. Apres auoir en deux iours r'aſſeuré l'Eſtat de la ville, & pris le vieil Palais, Nous nous portaſmes à Caen, où nous feiſmes inueſtir le Chaſteau, & porter les tranchées iuſques ſur le bord du foſsé, en ſorte que les aſſiegez ſe veirent hors d'eſperance d'auoir ſecours, & ne laiſſerent pas pourtant d'inſolemment tirer ſur nous, lors qu'ils cogneurent

que

que nous eſtions allez viſiter les tranchées : Ce qui ne nous a pas empeſché neantmoins d'vſer de c'emence & miſericorde enuers eux, & ce de tant plus volontiers qu'ils ſe ſont excuſez d'auoir eſté commandez par noſtre-dite Dame & Mere de tenir la place contre nous, deſirans touſiours d'auantage luy teſmoigner noſtre reſpect & noſtre patience. Depuis nous auons reduict à noſtre obeyſſance, les villes d'Alençon, Verneüil, Dreux, & la Ferté-Bernard. Maintenant que nous apprenons que l'armee qui eſt aux champs, ſouz le nom emprunté de noſtre-dite Dame & Mere, a aſſiegé & pris la ville de la Fleſche, où eſt enſeuely le cœur du feu Roy noſtre tres-honoré Seigneur & Pere, & s'aduance pour aſſieger la ville du Mans, Nous portons là nos armes pour deliurer celle-cy du siege qu'elle craint, & retirer l'autre d'entre les mains des soldats insolens: qui, ayans violé la fidelité qu'ils nous doiuent, pourroient bien violer le respect qu'ils doiuent à la memoire & aux cendres de nostredit feu Seigneur & Pere. Mais auant que passer plus outre, & employer nos iustes & necessaires armes à reprimer l'audace de ceux qui se sont armez contre nous, attentent sur nostre authorité: & veulent enuahir nos Prouinces, Nous voulons que chacun soit esclarcy de nos intentions, & faire cognoistre à ceux qui nous offancent que la grandeur de leurs fautes, bien qu'extreme, ne peut atteindre à celle de nostre clemence, quand ils voudront y accourir: Mais aussi que faute de ce faire, Nous voulons & entendons leur faire souffrir la rigueur des

des peines que les loix & les Ordonnances ont decerné contre eux. A ces causes sçauoir faisons, Qu'apres auoir mis cét affaire en deliberation en nostre Conseil, où estoient nostre tres-cher & tres-amé Frere vnique Duc d'Anjou, nostre tres-cher & tres-amé Cousin le Prince de Condé, premier Prince de nostre sang, & plusieurs Cardinaux, Ducs, Pairs, Officiers de nostre Couronne, & principaux Seigneurs de nostredit Conseil, De l'aduis d'iceluy, Nous auons dict, declaré, disons & declarons, que pour le regard de la Royne nostre-dite Dame & Mere, Nous ne croyons point, & ne nous sçaurions iamais persuader qu'elle ayt oublié l'amitié à quoy la nature l'oblige enuers nous, que la memoire de nostredit Seigneur & Pere exige d'elle : Et que nous auons tasché de de meriter d'elle: Et quand neantmoins il arriueroit qu'elle vsast enuers nous d'autres comportemens qu'elle ne doit, nous n'entendons en auoir autre ressentiment qu'vne religieuse patience, qu'approchant nos armes au prés de celles qui empruntent son nom, Nous ne les voulons employer que pour la deliurer de ceux qui à nostre preiudice & de nostre Royaume, captiuent son esprit & ses volontez, & pour empescher d'effectuer les desseings qu'ils ont à la ruyne de nostre Estat. Quant à nostre Cousin le Comte de Soissons, & nostre Cousine la Comtesse sa mere, les Ducs de Vendosme & grand Prieur de France, les Ducs de Longueuille, de Nemours, de Mayenne, d'Espernon, de Rets, de la Trimoüille, de Rohan, de Rohanois, Mareschal de Bois-dauphin, les

les Comtes de Candale, Marquis de la Valette, l'Archeueſque de Tholoſe, & autres nos Officiers & de noſtre Couronne, Nous leur enioignōs & tres-expreſſement commandons poſer les armes, & ceſſer tous actes d'hoſtilité à l'endroict de nos ſubiects, ſe departir de toutes ligues & aſſociations, tant dedans que dehors noſtre Royaume: & dans vn mois apres la publicatiō des preſentes nous venir trouuer, pour en perſonne nous en dōner plus ample aſſeurance: Ce que faiſant, Nous leur remettōs tout crime & offenſe qu'ils peuuent auoir commis contre nous en ce dernier mouuement. Promettant les receuoir en nos bonnes graces & leur dōner toutes lettres qu'ils croiront leur eſtre neceſſaires pour cet effect. Voulons ſemblablement que tous autres qui les ont ſuyuis, &

ſoubs le nom de noſtredicte Dame & mere ont armé, fait en conſequẽce dudict mouuement actes d'hoſtilité, ou autres qui les ayent rendus coulpables enuers Nous, que ſe retirãts dans vn mois pardeuãt nos plus prochains Iuges Royaux, & declarãs qu'ils ſe departent de tout party, ligue, & aſſociation, ils en demeurent quittes & deſchargez en vertu des preſentes, ſans en pouuoir iamais eſtre recherchez. Et à faute de ce faire & d'accepter noſtre preſente grace dans ledit temps, iceluy paſſé dés à preſent comme des lors, Nous auons tous leſdits Princes, Ducs, Pairs & Officiers de la Couronne, cy-deſſus nõmez, & autres de quelque qualité & cõdition qu'ils ſoient, qui ont participé directement ou indirectement aux ſuſdites aſſociations, menées, pratiques, leuées,

ports

ports d'armes & autres actes cy-dessus mentionnez, declaré & declarons criminels de leze Majesté & perturbateurs du repos public, & ce faisant descheuz de tous honneurs, Gouuernemens, grades, dignitez, offices & benefices, & les fiefs, terres, & Seigneuries qu'ils tiennent de nous, reünis à nostre Couronne. Et pour la plus ample declaration & execution des peines irrogées contre tels crimes par les Loix & Ordonnances de nostre Royaume, Voulons estre procedé contre eux & leur posterité par tous nos Iuges, selon qu'à chacun d'eux la cognoissance en peut appartenir. Si donnons en mandement à nos amez & feaux Conseillers les gens tenants nos Cours de Parlements, Baillifs, Seneschaux, Iuges ou leurs Lieutenans, & à tous autres nos Iuſticiers & Officiers qu'il appartiendra chacun endroit ſoy, que ces preſentes nos lettres de Declaration ils facent lire, publier, & enregiſtrer, & le contenu en icelles exactement executer, garder & obſeruer inuiolablement de poinct en poinct ſelon leur forme & teneur. Enioignant à nos Procureurs Generaux & leurs Subſtituts, d'en faire toutes pourſuites & diligences ſelon le deuoir de leurs charges; Car tel eſt noſtre plaiſir. En teſmoin dequoy, Nous auons faict mettre noſtre ſeel à ceſdites preſentes. Dõnées à Mortaigne le vingt huictieſme iour de Iuillet, L'an de grace mil ſix cens vingt, Et de noſtre regne l'vnzieſme.

Signé, LOVIS.

Et plus bas, Par le Roy,

Signé, DE-LOMENIE.

Et ſcellé du grand ſeau de cire iaune ſur double queuë.

Leuës, & publiées, & registrées, ouy & ce requerant le Procureur general du Roy: Et ordonné que coppies collationnées seront enuoyées aux Bailliages & Seneschaussées, pour y estre leuës, publiées, registrées & executées selon leur forme & teneur, à la diligence des Substituts dudit Procureur General, ausquels enioinct la certifier auoir ce faict au mois. A Paris en Parlement le sixiesme Aoust, mil six cents vingt.

Signé, VOYSIN.

Leuës & publiées en Iugement de la Seneschaussée & Siege Presidial dudict Lyon, les plaids tenans: de laquelle lecture & publication ce requerant Maistre Alexandre Boullioud Aduocat du Roy pour le Procureur dudict Seigneur, nous auons ottroyé acte & ordonné que ladite Declaration sera enregistree és registres de ladite Seneschaussée pour y auoir recours, & coppies collationnees & enuoyees és Chastellainies Royales pour y estre aussi leuë & publiee & enregistree: enioint aux Substituts dudit Procureur du Roy d'y tenir la main, & nous certifier de leurs diligences au mois. Fait en Iugement nous Iaques Ollier Cheualier, Seigneur de Verneuil, Conseiller du Roy en ses Conseils d'Estat & Priué, & Surintendant en la Iustice & Police de la ville de Lyon, pays de Lyonnois, Forests, & Beaujolois: Balthazard de Villars President, Pierre Seue Lieutenãt General, Pierre Demont-

conis

conis Lieutenant General Criminel, Claude du Sauzey Lieutenant Particulier, George l'Anglois, Gaspard de Mornieu, Maurice Deguillon, Iean de Siluecane, Charles Destrossy, Pierre Mellier, Pierre Scarron, Charles de Tourueon, & Louys de Rochefort, Conseillers & Magistrats en la Seneschaussee & Siege Presidial de Lyon, seants le Vendredy quatorziesme Aoust mil six cents vingt.

PERREL.

www.ingramcontent.com/pod-product-compliance
Ingram Content Group UK Ltd.
Pitfield, Milton Keynes, MK11 3LW, UK
UKHW020540180726
13839UKWH00006B/2623